NOTICE NÉCROLOGIQUE

SUR LE GÉNÉRAL

ARTHUR-CHARLES-ESPRIT

MARQUIS

DE LA BOURDONNAYE,

MARÉCHAL-DE-CAMP,

ANCIEN DÉPUTÉ DU MORBIHAN,

Gentilhomme titulaire de la chambre des Rois Louis XVIII et Charles X, etc.
Président du Comice agricole de la commune de Carentoir (Morbihan),
Commandeur de la Légion-d'Honneur, Chevalier de St-Louis, etc.,

MORT A PARIS LE 11 AVRIL 1844;

PAR

E. SAINT-MAURICE CABANY.

EXTRAIT

DU NÉCROLOGE UNIVERSEL DU XIXe SIÈCLE,

REVUE GÉNÉRALE BIOGRAPHIQUE ET NÉCROLOGIQUE,

Rue Cassette, 8, faubourg-St-Germain.

E. SAINT-MAURICE CABANY,

Directeur et Rédacteur en chef.

—

Se trouve à l'Administration,

Et à la Librairie Militaire de J. DUMAINE,

Rue et passage Dauphine, 36.

PARIS, 1847.

NOTICE NÉCROLOGIQUE

SUR LE GÉNÉRAL

ARTHUR–CHARLES–ESPRIT

MARQUIS DE LA BOURDONNAYE,

MARÉCHAL-DE-CAMP,

ANCIEN DÉPUTÉ DU MORBIHAN, ETC.

IMPRIMÉ PAR PLON FRÈRES,
Rue de Vaugirard, 36.

NOTICE NÉCROLOGIQUE

SUR LE GÉNÉRAL

ARTHUR-CHARLES-ESPRIT

MARQUIS

DE LA BOURDONNAYE,

MARÉCHAL-DE-CAMP,

ANCIEN DÉPUTÉ DU MORBIHAN,

Gentilhomme titulaire de la chambre des Rois Louis XVIII et Charles X, etc,
Président du Comice agricole de la commune de Carentoir (Morbihan),
Commandeur de la Légion-d'Honneur, Chevalier de St-Louis, etc.,

MORT A PARIS LE 11 AVRIL 1844;

PAR

E. SAINT-MAURICE CABANY.

EXTRAIT

DU NÉCROLOGE UNIVERSEL DU XIXᵉ SIÈCLE,

REVUE GÉNÉRALE BIOGRAPHIQUE ET NÉCROLOGIQUE,

Rue Cassette, 8, faubourg St-Germain.

E. SAINT-MAURICE CABANY,

Directeur et Rédacteur en chef.

Se trouve à l'Administration,

Et à la Librairie Militaire de J. DUMAINE,

Rue et passage Dauphine, 36.

PARIS, 1847.

1847

NOTICE NÉCROLOGIQUE

SUR LE GÉNÉRAL

ARTHUR-CHARLES-ESPRIT

MARQUIS DE LA BOURDONNAYE,

MARÉCHAL-DE-CAMP,

ANCIEN DÉPUTÉ DU MORBIHAN,

Gentilhomme titulaire de la chambre des Rois Louis XVIII et Charles X, etc.,
Président du Comice agricole de la commune de Carentoir (Morbihan),
Commandeur de la Légion-d'Honneur, Chevalier de St-Louis, etc.,

MORT A PARIS LE 11 AVRIL 1844.

———— ◦ ————

L a famille de La Bourdonnaye est l'une des plus nobles et des plus anciennes de la Bretagne, province où, en France, la noblesse est particulièrement bonne et ancienne.

Ses armes sont de gueules aux trois bourdons en pal d'argent. Dans les temps anciens, pour la branche aînée, les bourdons étaient d'or. Le bourdon est le bâton des pèlerins. La famille prit ces armes aux croisades, elle en a tiré son nom, qui auparavant était Coetion.

Les Bourdon, famille noble de Bretagne, sont de la même famille; l'usage étant au xii⁰ siècle d'écrire les noms par abréviation, cette orthographe s'est conservée dans une branche cadette. Guillaume Bourdon fut écuyer de Duguesclin en 1381. En Angleterre, il existe une famille nommée Burdon, ayant les mêmes armes que la famille de la Bourdonnaye, avec une brisure de cadet. On croit qu'elle s'y est etablie à la conquête des Normands. Au château de La Bourdonnaye existent des titres remontant à 1100. Ce sont des donations faites, à l'abbaye des Bois, des affeagements....., etc., par Bertrand Iᵉʳ de La Bourdonnaye.

En 1249, Olivier de La Bourdonnaye fut aux croisades. Les armes de la famille sont à Versailles. Le titre possédé par la famille est un contrat de nolis de navire fait *a limine*, par Olivier de La Bourdonnaye et Guillaume de Sévigné. En 1375, Guillaume de La Bourdonnaye servit dans l'armée de Charles de Blois contre Jean de Montfort. Déjà, à cette époque, existaient trois branches de la famille en Bretagne. Mais on n'en peut suivre la filiation, les titres ayant été plusieurs fois détruits dans les guerres qui, de tout temps, ont agité la Bretagne, et auxquelles cette famille a toujours pris part. Depuis Olivier de La Bourdonnaye, chef de la maison actuellement existante, la filiation se suit sans interruption.

En 1595, Gilles de La Bourdonnaye, seigneur de Coetion, etc., chevalier de l'Ordre du roi (au château de Coetion, possédé actuellement par le marquis de La Bourdonnaye, est un écusson aux armes de la famille avec un collier de l'Ordre), équipa un corps de cavalerie pour la Ligue. Il fut battu, son château de Coetion pillé et brûlé, lui fait prisonnier. Il paya une forte rançon, et fit serment de fidélité à Henri IV. En 1692, la terre de Coetion fut érigée en vicomté pour son petit-fils Louis de La Bourdonnaye. Pour son fils, Yves-Marie de La Bourdonnaye, les terres de Bambohan, Lasalle, la Boexière, Coetion, la Gacilly, furent érigées en *marquisat* (chose rare en Bretagne) sous le nom de La Bourdonnaye, en 1717. Son fils, Louis-François de La Bourdonnaye étant mort sans enfants, ses terres et titres passèrent à la branche cadette, dite de Blossac (à la terre de Blossac, près Rennes, était attachée la dignité de grand-écuyer des ducs de Bretagne), en la personne de Anne-Esprit-Marie de La Bourdonnaye, qui mourut sans enfants, et laissa ses terres et titres à Charles-Esprit-Clair de La Bourdonnaye, marquis de La Bourdonnaye, vicomte de Coetion, etc., père du général marquis de La Bourdonnaye, dont nous allons nous occuper. Pendant la Révolution, le château de La Bourdonnaye fut vendu nationalement, puis racheté; le château de Blossac pillé, et presque tous les titres détruits.

BRANCHES EXISTANTES.

BOURDONNAYE — BLOSSAC, séparée en 1700.	Devenue aînée des marquis de La Bourdonnaye, en 1769, à la mort de Louis-François. Descendants du comte de La Bourdonnaye-Blossac, pair de France, habitant la Bourgogne.
BOURDONNAYE — MONTLUC, séparée en 1650.	Habitant en Bretagne. A cette branche appartient le comte Sévère de La Bourdonnaye-Montluc, député de Redon en 1845.
BOURDONNAYE — BOISRY, séparée en 1650.	. . . .
BOURDONNAYE DE LIRÉ ET BRATZ, séparée en 1500.	La Vuvenne, habitant l'Anjou. A cette branche appartient M. de La Bourdonnaye, qui fut, en 1830, ministre du roi Charles X. Coeteandec, habitant en Bretagne.

Honneurs de la Cour :

M. de La Bourdonnaye de Liré . . . .   17 août 1756.
Le marquis de La Bourdonnaye. . . . .   21 oct. 1769.
La marquise de La Bourdonnaye . . . . . .   23 déc. 1781.
La vicomtesse de La Bourdonnaye . . . . . .   11 janv. 1786.
La marquise de La Bourdonnaye. . . . . . .   14 mars 1786.

Issu de M. le marquis Charles-Esprit-Clair de La Bourdonnaye, vicomte de Coetion, maréchal de camp, et de mademoiselle Louise de Chauvelin, fille de M. le marquis de Chauvelin, maître de la garde-robe du roi, et sœur de M. de Chauvelin qui a marqué dans les assemblées législatives de la Révolution, et depuis à la Chambre des Députés, M. Arthur-Charles-Esprit de La Bourdonnaye naquit à Paris le 28 janvier 1785.

Il commença sa carrière militaire fort jeune. Soldat à vingt ans, il était colonel à vingt-huit. Dix campagnes immortelles, quatre blessures graves ont signalé sa vie si bien remplie. C'est un devoir pour le *Nécrologe universel* de consacrer un souvenir à la mémoire d'un officier aussi remarquable, qui ne s'est pas moins distingué à la tribune, dans les luttes parlementaires, que sur les champs de bataille de l'Empire.

M. Arthur de La Bourdonnaye était à peine âgé de cinq ans lorsqu'éclata la révolution de 1789. Son père émigra ; sa mère, sa grand'mère et ses tantes furent incarcérées ; il resta confié avec ses cousins, MM. d'Imecourt, aux soins de fidèles domestiques. Plus tard, après la Terreur, son éducation fut dirigée par un zélé précepteur qui l'éleva à Saint-Germain-en-Laye : ainsi s'écoula sa jeunesse jusqu'à l'âge de dix-huit ans. Pendant cet intervalle de temps son père était rentré en France et avait repris possession de la partie des biens de sa famille qui n'avait pas été vendue, ainsi que de ceux que madame la marquise de La Bourdonnaye avait rachetés. Il emmena alors son fils avec lui en Bretagne.

Cependant les événements marchaient rapidement, et toute la jeunesse courait aux armes. La tendance militaire qui se faisait alors si vivement sentir dans nos provinces influa puissamment sur l'esprit du jeune de La Bourdonnaye, et il obtint, malgré les répugnances de sa famille, d'entrer au service, quoique peu de personnes de sa classe, à cette époque, prissent un semblable parti. En 1805, il fut donc admis à l'École militaire de Fontainebleau.

Mais bientôt, s'effrayant des deux longues années d'inaction qu'il allait passer forcément, il partit, avec son frère, pour Bruges, où son oncle, M. de Chauvelin, était alors préfet, et de là il envoya sa démission au ministre de la guerre, et contracta un engagement au 7° régiment de hussards. C'était le 20 février 1805. Pendant plusieurs mois il fit le service de simple soldat, fut nommé brigadier le 15 avril, fourrier le 27 juin; et enfin, son régiment étant entré en Allemagne, il obtint les galons de maréchal-des-logis le 22 décembre de la même année.

Le jeune maréchal-des-logis fut alors attaché à l'état-major du maréchal Davoust, ce qui lui procura plusieurs fois l'occasion de se distinguer. Un jour, entre autres, ayant rendu, dans un engagement, de grands services au colonel Bourck, aide-de-camp du maréchal, ce dernier lui dit le lendemain de l'affaire : « J'ai su votre conduite d'hier, je vous promets de la faire valoir et de vous obtenir la récompense qu'elle mérite. » M. de La Bourdonnaye ne put prendre part à la bataille d'Austerlitz, et ne rejoignit que le soir de la bataille le maréchal qui était parti en poste pour y assister.

Le 19 janvier 1806, M. de La Bourdonnaye obtint
une sous-lieutenance au 25e chasseurs, qui faisait partie de l'armée d'Italie. Il s'empressa de rejoindre son corps, et, en traversant cette contrée,
il utilisa son temps, comme il l'a toujours fait dans
le cours de ses campagnes, en examinant avec atten-
tion le pays.

Le 25e de chasseurs ayant été employé contre les
bandits ou partisans qui infestaient l'Italie de bri-
gandages, le jeune officier se distingua maintes fois
dans cette guerre obscure et dangereuse. Dans un
engagement, près la petite ville de Sora, contre un
chef nommé Fra-Diavolo, M. de La Bourdonnaye,
au milieu d'une grêle de balles, sauva la vie à un
de ses soldats. Dans une autre affaire, aux environs
de Matera, il s'agissait de débusquer d'un petit bois
très-fourré une troupe de brigands qui s'y était em-
busquée. Un officier d'infanterie napolitaine ayant
refusé cette mission comme trop dangereuse, M. de
La Bourdonnaye en fut chargé; mais il était à peine
entré dans le bois, qu'il reçut à bout portant une
balle dans le côté (7 mai 1807). Cette blessure, qui
lui traversait le corps, et dont il souffrit fort longtemps, ne l'empêcha pas de continuer l'attaque, et,

grâce à son énergie, les Français s'emparèrent de la position.

Le 12 août suivant, envoyé à la tête de quinze chasseurs à la poursuite du chef Wolff, M. de La Bourdonnaye eut avec les bandits, sur la montagne de San-Antonio, un vif engagement, dans lequel plusieurs de ses soldats furent tués; lui-même, atteint à l'épaule d'un nouveau coup de feu, dut la vie à un de ses hommes qui tua d'un coup de carabine un brigand qui l'ajustait à bout portant.

Dans une autre circonstance, revenant d'une ville voisine, avec un de ses camarades, il eut son cheval tué sous lui et il courut un grand danger. Il parvint néanmoins à se dégager et à mettre en fuite ses agresseurs, qui abandonnèrent leurs chevaux, chargés d'objets volés, et leurs armes, assez belles et curieuses (1).

Nommé, le 8 janvier 1808, lieutenant au 8e hussards, M. de La Bourdonnaye ne rejoignit pas ce ré-

(1) La famille a en sa possession quelques-unes de ces armes que M. de La Bourdonnaye avait précieusement conservées.

(Note de l'auteur.)

giment, le général Lagrange l'ayant demandé pour son aide-de-camp. Chargé du commandement d'une brigade de cavalerie légère à Poitiers, ce général se rendit peu de temps après à Bayonne, et de là en Espagne, où sa brigade fut attachée à la division Vedel, qui faisait partie du deuxième corps d'observation de la Gironde, placé sous les ordres du général Dupont, commandant en chef l'expédition d'Andalousie.

Tout le monde connaît la capitulation de Baylen (1), qui termina d'une manière si funeste la campagne commencée sous d'heureux auspices ; cette capitulation si outrageusement violée par la mauvaise foi des chefs de l'insurrection espagnole, au

(1) Voir, pour les détails de ce déplorable événement, l'ouvrage que nous avons publié sous ce titre : *Étude historique sur la Capitulation de Baylen*, *renfermant des documents authentiques et inédits, comprenant une narration détaillée de la campagne de 1808 en Andalousie, et précédée d'une notice biographique sur le lieutenant-général comte Dupont, ancien ministre de la guerre*, par E. Saint-Maurice Cabany, Directeur et Rédacteur en chef du Nécrologe universel du XIXe siècle ; 3e édit., Paris, 1846. 1 vol. grand in-8° de 288 pages, avec une carte géographique, topographique et militaire du théâtre des opérations. — Au bureau du Nécrologe universel du XIXe siècle, rue Cassette, n° 8. — Cette étude historique a été insérée dans le 3e volume du *Nécrologe universel*.

(Note de l'auteur.)

mépris de toutes les lois de la guerre et de l'huma-
nité, et qui est devenue le tombeau de la réputation
et de l'honneur du général Dupont. Fait prisonnier
avec le général Lagrange, M. de La Bourdonnaye fut
envoyé dans la petite ville d'Ossuna, et ensuite à
Moren, où lui et ses compagnons d'infortune eurent
à souffrir cruellement de l'exaspération de la population contre les Français : des soldats étaient assas-
sinés dans les rues ; des officiers et même des généraux furent frappés et grossièrement insultés, et
des moines fanatiques prêchaient en chaire le mas-
sacre général des malheureux captifs. Enfin la junte
de Séville consentit au départ des généraux d'abord,
puis ensuite d'une partie des officiers.

Munis de passe-ports espagnols, plusieurs officiers,
dont M. de La Bourdonnaye faisait partie, s'embar-
quèrent sur le Guadalquivir, et arrivèrent à Saint-
Sébastien, petit fort qui ferme la rade de Cadix. Là,
ils employèrent tout ce qui leur restait d'argent à
fréter un bâtiment pour la France (24 octobre 1808) ;
c'était un petit brick génois, en très-mauvais état,
n'ayant pour équipage que quatre ou cinq matelots
espagnols, sans capitaine ni pilote. Les officiers
français, au nombre de cent dix-sept, durent s'en-

asser dans ce misérable navire de la manière la plus
pénible. A peine en mer, un gros temps survint; les
matelots étaient incapables de manœuvrer, et le bâtiment ne tarda pas à être jeté sur les récifs où il
faillit périr. Heureusement, parmi les Français se
trouvaient un capitaine de frégate et quelques ma-
rins de la garde impériale qui prirent la direction
du brick : M. de La Bourdonnaye fut chargé de la re-
tenue de la brigantine. Le navire avait tellement
souffert qu'il fallut renoncer à continuer la route;
mais aborder à terre était retomber aux mains des
Espagnols, et l'on eût préféré la mort plutôt que de
recourir à cette extrémité. On se décida donc à entrer dans le port de Barcelone, que l'on supposait
en ce moment occupé par une garnison française :
cela n'était pas facile, car il fallait traverser une
croisière anglaise, et c'est ce que les fugitifs parvinrent pourtant à faire pendant la nuit, malgré
quelques coups de canon. Arrivés en vue du port,
les Français se firent reconnaître en attachant une
lanterne à l'un des mâts, et le lendemain ils furent
reçus dans la ville, qui était effectivement occupée
par une garnison française, commandée par le général Duchesne, mais cependant bloquée par l'armée espagnole. Quatre ou cinq jours suffirent pour

remettre le navire en état : les prisonniers repar-
tirent par une nuit obscure, et traversèrent de nouveau la croisière anglaise. Leur bâtiment fut visité,
en pleine mer, par les vaisseaux anglais l'*Aigle* et le
Formidable, qui laissèrent les Français continuer
leur route, ne se doutant pas qu'ils fussent entrés
dans le port de Barcelone. Dans le golfe de Lyon,
une violente tempête assaillit de nouveau le brick,
qui fut sur le point de périr ; mais la tourmente se
calma, et un vent favorable s'étant élevé, les fugitifs entrèrent dans le port de Marseille le 13 novembre 1808, après dix-sept jours de traversée. Ce
ne fut qu'après quinze jours de lazaret qu'on les
laissa enfin débarquer.

M. de La Bourdonnaye resta environ trois semaines à Marseille avec le général Lagrange, employant
ce temps à examiner l'état de notre marine et à visiter le port de Toulon, et principalement les anti-
quités du midi de la France. Au mois de décembre
il repartit pour Bayonne avec son général, et arriva
en Espagne en même temps que l'empereur Napoléon, dont la présence avait changé la face des affaires. M. de La Bourdonnaye assista au siége de Sa-
ragosse, et passa ensuite six mois à Madrid. Au mois

de mars 1809, le général Lagrange reçut l'ordre de prendre le commandement de l'avant-garde du quatrième corps qui se trouvait à Tolède; mais il y était à peine arrivé qu'il se vit appelé inopinément à Paris, où il devait recevoir une destination pour l'armée d'Allemagne.

Heureux de ce rappel, qui terminait pour lui les campagnes d'Espagne, pénibles à tant de titres, s'il ne se fût applaudi pourtant de servir sous les yeux de l'Empereur, M. de La Bourdonnaye entra le 2 avril à Paris, et passa quelque temps dans sa famille. M. de Chauvelin, qui portait à son jeune parent toute la tendresse d'un père, parla de lui au maréchal Lannes, et sut lui inspirer un vif intérêt pour l'aide-de-camp du général Lagrange.

Le 15 avril 1809, M. de La Bourdonnaye partit avec le général Lagrange pour l'armée d'Allemagne, et le 24 il était rendu à Ratisbonne, où se trouvait fixé le quartier-général. Le maréchal Lannes se trouvait dans cette ville. M. de La Bourdonnaye lui demanda à servir sous ses ordres. Le général Lagrange s'intéressa lui-même à ce changement de situation avantageuse pour son jeune compagnon d'armes, qui

fut agréé par le maréchal en qualité d'aide-de-
camp.

Il suivit donc son nouveau chef, qui avait l'ordre
de se porter sur Muhldorf avec son corps d'armée.
Le 10 mai, à neuf heures du matin, le maréchal
Lannes arriva en vue de Vienne. Ne voyant aucuns
préparatifs de défense, et croyant que la ville allait
ouvrir ses portes, il fit partir sur-le-champ un officier pour annoncer cette nouvelle à Napoléon. Mais
c'était une erreur ; car peu d'instants après les
troupes françaises, qui avaient traversé le faubourg,
furent reçues à coups de canon. Le maréchal envoya aussitôt M. de La Bourdonnaye vers l'Empereur pour lui exposer l'état des choses. Ayant fait
la plus grande diligence, le jeune aide-de-camp arriva assez à temps pour prévenir le départ de l'officier, qui se disposait déjà à porter à Paris la nouvelle de la reddition de Vienne. Le 10, Napoléon
établit son quartier-général à Schœnbrunn et se
décida à attaquer la ville, qui se rendit deux jours
après.

L'archiduc Charles, arrivé trop tard pour empêcher la capitulation, voulut du moins disputer le

passage du Danube, et fit exécuter des travaux de
défense sur les îles du fleuve. L'Empereur disposa
son armée dans les plaines d'Essling, et livra, le
22 mai, la mémorable bataille de ce nom. Vers la
fin de la journée, le maréchal Lannes, voyant s'a-
vancer une colonne d'Autrichiens, ordonna à M. de
La Bourdonnaye de se mettre à la tête d'une batterie
de quelques canons, de s'approcher à demi-portée
sans tirer, et de foudroyer alors cette colonne par
un feu bien nourri. Les boulets et la mitraille pleu-
vaient de toutes parts ; plus de la moitié des hommes
et des chevaux avaient été tués avant que l'on fût arrivé au lieu où devait être établie la batterie. Pourtant
M. de La Bourdonnaye parvint à faire exécuter habi-
lement l'ordre qu'il avait reçu ; mais, en revenant
auprès du maréchal, un boulet vint frapper le pom-
meau de la selle de son cheval. Il crut tout d'abord
avoir la cuisse emportée ; cependant il ne tomba pas.
Son chasseur le soutint et le conduisit au lieu où
l'empereur Napoléon venait de mettre pied à terre.
Là, plusieurs camarades et amis de M. de la Bourdonnaye (MM. de Noailles, de Talhouet, etc.) le re-
connurent, le descendirent de cheval et appelèrent
pour le panser le docteur Ivan, premier chirurgien
de l'Empereur. La contusion était violente, mais il

n'y avait heureusement point de fracture. Le docteur Ivan posa un appareil sur la blessure, et M. de La Bourdonnaye fut remis en selle. Il voulut regagner l'île de Lobau ; mais le grand nombre de blessés rendait impossible le passage du pont. La douleur qu'il éprouvait ne lui permettant pas de se tenir à cheval plus longtemps, son chasseur l'adossa contre un buisson, où il passa toute la nuit : ce ne fut que le lendemain qu'il put rentrer dans l'île, où il resta toute la journée du 22, isolé et sans secours.

M. de La Bourdonnaye fut transporté le 23 dans la maison occupée par le maréchal Lannes. Sa blessure s'était envenimée ; la fièvre l'avait pris, et l'on craignait la gangrène. Il fut soigné par M. de Husbeck, premier chirurgien de l'empereur d'Autriche, et souvent visité par le docteur Ivan.

Le maréchal Lannes étant mort dix jours après la bataille d'Ebersdorf, des blessures qu'il y avait reçues, et tous ses aides-de-camp ayant été blessés, M. de La Bourdonnaye écrivit à l'Empereur pour lui demander de le prendre comme officier d'ordonnance. Le 17 juin, il reçut sa nomination, et passa à Vienne tout le temps qui s'écoula entre la bataille d'Essling et celle de Wagram.

A peine fut-il question de la reprise des hostilités, que M. de La Bourdonnaye commença à essayer ses forces, voulant prendre part aux grands événements qui se préparaient. Parti de Vienne le 5 juillet pour se rendre à l'armée, il arriva vers les cinq heures du soir, ayant beaucoup souffert à cheval. L'Empereur ne le connaissait pas encore; il se mêla aux officiers d'ordonnance, et Napoléon l'employa en cette qualité. Ce ne fut qu'au milieu de la journée du 6 que le général Savary choisit un moment où l'Empereur avait mis pied à terre pour lui présenter M. de La Bourdonnaye, en lui disant que : « Quoique blessé, ce jeune officier, en entendant le canon, avait voulu se ranger parmi les aides-de-camp de Sa Majesté. » L'Empereur, lui voyant la cuisse bandée, lui dit : « Mais êtes-vous en état de me suivre? » — « Je l'espère, répondit M. de La Bourdonnaye; mais j'aurais mieux aimé mourir que de ne pas répondre à la faveur qu'a bien voulu me faire Votre Majesté, et je saurai lui prouver que je n'en suis point indigne. » — « Ces Bretons sont entêtés, » dit l'Empereur en lui pinçant l'oreille. Cette présentation, ainsi faite sur le champ de bataille, fut le commencement de la fortune militaire de M. de La Bourdonnaye.

Le lendemain, 7 juillet, l'Empereur le fit appeler et lui donna l'ordre d'aller trouver le maréchal Masséna, qui était à l'extrême gauche, pour avoir des nouvelles de l'armée autrichienne. Le maréchal donna à M. de La Bourdonnaye un détachement avec lequel il poussa une reconnaissance sur la route de Kornembourg. Dans cette expédition, il fit prisonnier un hussard autrichien, qui lui donna des renseignements détaillés. Muni de ces informations, il revint le même jour au quartier-général à Volfkendorf faire son rapport à l'Empereur. Le lendemain 8, il fut envoyé près du maréchal Marmont. Il était très-fatigué; sa blessure s'était rouverte, et le docteur Ivan voulait lui faire prendre quelques jours de repos à Vienne; mais M. de La Bourdonnaye refusa de s'éloigner de l'armée, et l'Empereur lui fit donner place dans une de ses voitures. Le 11, ayant entendu une forte canonnade du côté de Znaïm, et désirant ne pas perdre l'occasion de se trouver à une bataille, il monta à cheval pour se rendre à son poste. L'Empereur était en conférence avec le prince de Lich tenstein, et des négociations étaient entamées. Dans l'intervalle de son service, M. de La Bourdonnaye allait à Vienne, où il partageait son temps entre ce que la ville pouvait offrir d'intéressant à voir et à étudier, et quelques relations de société.

Le 1er août, il reçut la croix de la Légion-d'Honneur; le 15, il fut nommé baron de l'Empire, obtint une dotation de 4,000 fr. de rentes sur les biens de Hanovre, ainsi que le grade de capitaine, le 18 du même mois. Ces avantages successifs et mérités mettaient M. de La Bourdonnaye au niveau des jeunes officiers les plus avancés de l'armée. Le 8 octobre, il reçut l'ordre de se rendre à Anvers, avec des dépêches pour le maréchal Bessières, et de faire une reconnaissance détaillée des îles nord et sud Beveland et des ouvrages des Anglais dans l'île de Walcheren. Il remplit parfaitement cette mission difficile, et fit un rapport très-circonstancié, dont l'Empereur se montra fort satisfait. La paix ayant été conclue entre la France et l'Autriche, M. de La Bourdonnaye passa quelques jours en Picardie, chez M. de Clermont, son cousin, et revint ensuite à Paris, dont il était absent depuis quatre années.

Reçu dans la haute société avec la bienveillance qui s'attache toujours aux avantages extérieurs, à la naissance, aux charmes de l'esprit et à la distinction militaire, d'autant plus que le faubourg Saint-Germain se rapprochait, à cette époque, de la Cour Impériale, et que l'on n'ignorait pas que M. de La Bourdonnaye avait été distingué par l'Empereur, le jeune capitaine passa l'année 1810 de la manière la plus agréable, tout en s'occupant fortement des sciences exactes et de l'art militaire.

Le 13 janvier 1811, il fut nommé chef d'escadron au 3ᵉ régiment de chasseurs. Au mois de mars suivant, l'Empereur organisa des colonnes mobiles destinées à opérer la recherche des réfractaires. M. de La Bourdonnaye eut le commandement de l'une de ces colonnes; mais il parvint à se faire exempter de cette mission pénible à exécuter. Chargé alors d'aller surveiller les côtes du Poitou et de la Saintonge, il trouva en fort mauvais état ce service, dans lequel il se commettait de nombreuses fraudes et malversations. Il parvint à le réorganiser mieux qu'il ne l'avait jamais été, et utilisa le temps qui n'était pas rempli par les devoirs du commandement en observant les travaux des ports et en se livrant à des études mi-

litaires, qu'il n'avait jamais négligées, même au milieu des camps. Grâce à ses soins et à son activité,
l'aspect des côtes avait totalement changé. Le service
des batteries se faisait mieux; les canonniers étaient
plus souvent exercés à des expériences sur le tir de
l'artillerie, et les accidents devenaient beaucoup
plus rares. Mais M. de La Bourdonnaye, n'ayant pu
résister longtemps au climat malsain de ces contrées,
fut saisi par la fièvre, et demanda à être rappelé.
Des préparatifs de guerre se faisaient sur tous les
points, et son plus grand désir était d'être employé
activement.

Le 10 janvier 1812, M. de La Bourdonnaye reçut
l'ordre de revenir à Paris. Parti le 24 février pour
rejoindre son régiment (3e chasseurs), qui était
incorporé dans le premier corps d'armée commandé
par le maréchal Davout, et qui se trouvait alors
dans le Mecklembourg, quoique souffrant beaucoup
de la fièvre, il entra en Russie avec son régiment,
et passa avec son grade, le 28 juillet, au 12e de même
arme, qui faisait partie de la division du général
Sébastiani. Le 11 août, il rejoignit à Vitepsk le colonel de ce régiment.

Le 6 septembre, l'armée française et l'armée russe
se trouvèrent en présence sur le champ de bataille
de la Moskowa. Dans la nuit du 6 au 7, les différents
corps se mirent en mouvement, et l'Empereur se
rendit à la pointe du jour à la redoute enlevée la
veille. A cinq heures précises du matin fut tiré le
premier coup de canon; à une heure les Russes
étaient repoussés pour la dernière fois. L'armée
française était maîtresse de presque toutes les positions de l'ennemi; la brigade de cavalerie, composée des 11e et 12e chasseurs, formait en cet instant
la tête de la colonne, et manœuvrait en face de l'artillerie russe. M. de La Bourdonnaye, qui commandait le régiment, voyait tomber successivement tout
ce qui l'entourait; frappé lui-même à la jambe
gauche, il se maintint pourtant à cheval : un sous-
officier sortit des rangs pour le conduire à l'ambulance, et ils traversèrent le champ de bataille au
milieu d'une grêle de boulets et d'obus.

Souffrant cruellement, le commandant de La Bourdonnaye tombait en faiblesse à chaque instant; mais
heureusement le sous-officier qui l'accompagnait lui
fit prendre quelques gouttes d'eau-de-vie qui rani-
mèrent ses forces, et, après une route pénible d'une

lieue et demie, il arriva enfin à l'ambulance, où il trouva le chirurgien-major du 1er chasseurs, qui lui donna les premiers soins, visita la blessure, et reconnut qu'un biscaïen avait fracassé le tibia et s'était logé dans le mollet. Convaincu alors qu'il pourrait conserver sa jambe, dont l'amputation lui avait semblé nécessaire, le commandant envoya chercher ses gens et ses chevaux au bivouac, et se fit transporter à grand'peine dans une espèce de charrette fort incommode.

Dans ces cruels moments, uniquement préoccupé de l'inquiétude de sa famille, M. de La Bourdonnaye eut le courage d'écrire deux lettres à ses parents, afin qu'ils n'apprissent pas sa blessure par d'autres que par lui. Le soir, il arriva à un petit château de bois, encombré de blessés, et le hasard le plaça près de M. Camille de Sainte-Aldegonde, un de ses amis, blessé également. M. de La Bourdonnaye passa les trois jours suivants dans le petit château de Borodino, en proie à des douleurs excessives et dans le plus affreux dénûment; il manquait complétement de linge, et n'avait pour s'envelopper que les couvertures de ses chevaux. Le second jour, on le plaça avec le général Subervie, aussi blessé, dans la

chambre où le général Montbrun était mort la veille.
Ces deux officiers supérieurs se décidèrent alors à
se faire transporter à Mojaïsk, où ils arrivèrent le
11 septembre.

M. de La Bourdonnaye, qui avait enduré dans ce
trajet d'horribles souffrances, eut la satisfaction de
trouver en cette ville plusieurs de ses amis, MM. Mounier, Alfred de Noailles, Anatole de Montesquiou,
de Fezensac, etc. Le premier lui fit un présent
inappréciable : un sac de toile, dont il put se servir
comme de drap; ce fut une grande jouissance pour
M. de La Bourdonnaye, qui ne s'était pas déshabillé
depuis trois mois.

Le lendemain, M. Mounier amena le docteur Ivan,
qui leva le premier appareil, et trouva la blessure
plus grave qu'il ne s'y attendait, et surtout tellement enflammée par le manque de repos, qu'il
craignit qu'on ne fût obligé de recourir à l'amputation de la jambe. Le docteur Ivan, obligé de partir
le même jour, laissa ses instructions à un chirurgien du régiment du commandant de La Bourdonnaye. Mais heureusement sa blessure prit bientôt un
aspect plus favorable. Il s'établit avec le général

Subervic et quelques ordonnances, et ils parvinrent à réunir une certaine quantité de farine, quelques fourages, et même un petit troupeau ; ces provisions les empêchèrent de trop ressentir la disette qui régnait à Mojaïsk.

Le 20 septembre, on apprit l'entrée de l'armée française dans Moscou et l'incendie de la ville. M. de La Bourdonnaye résolut de s'y rendre, et il eut le bonheur de se procurer une de ces voitures polonaises appelées *briska*, assez longues pour qu'on y puisse placer un matelas. Ce fut un voyage de pénibles souffrances et de dangers continuels. Le troisième jour, des cosaques attaquèrent la voiture, et le blessé n'arriva à Moscou qu'avec des peines infinies. L'aide-de-camp du général Subervic lui avait trouvé une maison : c'était un palais appartenant au prince Kourakin, mais il avait été pillé, et le dénûment y était tel, que M. de La Bourdonnaye préféra se faire transporter à l'hôpital Galitzin. MM. de Noailles et de Montesquiou ne voulurent pas l'y laisser, et, le 4 octobre, M. de Montesquiou l'emmena dans sa maison, où il le soigna avec un admirable dévouement.

Le docteur Ivan, qui vint alors de nouveau vi-

siter M. de La Bourdonnaye, fut surpris des progrès
de la convalescence, et lui dit que tout danger était
passé, mais que les suites en seraient longues. Le
commandant se disposait à passer l'hiver à Moscou,
lorsque la retraite de l'armée française fut décidée,
et que parut une circulaire de l'empereur Napoléon
engageant tous les officiers blessés à se réunir aux
convois pour retourner en France.

Le 14 octobre, une multitude de blessés, portés
sur des voitures et escortés par des soldats isolés,
et des blessés encore en état de manier les armes,
se mit en route sous les ordres d'un général de brigade. M. de La Bourdonnaye était étendu sur un
briska attelé de quatre de ses chevaux de selle, et le
convoi parcourait seulement quatre ou cinq lieues
par jour; chaque soir, le pays étant absolument dé-
sert, il fallait envoyer au loin à la recherche des provisions nécessaires des hommes et des chevaux, que
souvent l'on ne voyait pas revenir. L'on risquait à
chaque instant d'être enlevé par des partis de cosaques, et l'on éprouvait, en outre, l'inquiétude de
voir les chevaux de l'attelage tomber de fatigue;
alors c'eût été infailliblement la mort pour celui
qui serait resté en arrière. Plusieurs fois, voyant

ses chevaux dans l'impossibilité de continuer la route, M. de La Bourdonnaye fut obligé de les remplacer par d'autres, qu'il ne pouvait se procurer qu'au poids de l'or. De Moscou à Smolensk, on ne rencontra pas une ville, un village, ou un château qui ne fût un monceau de cendres. Cette espèce d'agonie dura vingt-deux longues journées; le convoi arriva enfin à Smolensk le 5 novembre.

Abandonnant alors ses chevaux, M. de La Bourdonnaye prit la poste pour se rendre à Wilna. Il n'était pas sans danger de voyager ainsi seul en ce pays : sa jambe n'était pas non plus en état de supporter le cahot d'une voiture non suspendue; mais il ne s'agissait point d'éviter les souffrances, il fallait absolument arriver. Le 12 novembre il était à Wilna; sa jambe allait beaucoup mieux qu'il n'aurait pu l'espérer après une aussi grande fatigue. Il se reposa quelques jours dans cette ville, et il en repartit le 19, malgré la saison avancée. Cependant, le froid devenait très-vif, et la neige encombrait les chemins : aussi le passage de la Vistule fut-il très-difficile et dangereux, parce qu'elle charriait des glaces et qu'il n'y avait pas de grands bateaux pour la traverser.

M. de La Bourdonnaye arriva le 30 novembre à Berlin, qu'il quitta le 2 décembre. Le 7, il était à Mayence, et enfin le 12 à Paris, où il fut reçu avec joie par sa famille. M. Boyer, chirurgien de l'Empereur, trouva l'état de sa blessure excellent, et regarda sa guérison comme un véritable miracle. Tous les amis de M. de La Bourdonnaye vinrent le voir chez lui et lui témoignèrent le plus vif intérêt; il y avait alors une sorte d'enthousiasme pour les officiers qui revenaient de Russie.

Au mois de juin 1813 il se rendit aux eaux de Bourbonne-les-Bains pour rétablir sa santé, et dans le mois de décembre suivant, il écrivit au prince de Neufchâtel pour lui manifester son désir de servir auprès de lui : trois jours après, le 7 décembre, M. de La Bourdonnaye recevait un brevet d'adjudant-commandant (colonel) et d'aide-de-camp du maréchal Berthier. Il n'avait alors que vingt-sept ans.

Ce fut en cette qualité que M. de La Bourdonnaye fit la campagne de France de 1814. Le 29 janvier, il reçut l'ordre de pousser une reconnaissance, avec les dragons du général Briche, sur la route de

Doulevent à Brienne. Il rencontra à Sommevoire deux cents chevaux ennemis qui se retiraient dans le plus grand désordre, et retourna de suite à Maizières rendre compte de sa mission à l'Empereur. Au mois de février, il fut envoyé aux maréchaux Marmont et Ney pour les prévenir que l'Empereur arriverait le même jour à Sézanne avec son armée. Le maréchal Ney, qui s'attendait à recevoir l'ordre de rétrograder, se montra fort surpris des projets de Napoléon. Il s'expliqua longuement avec M. de La Bourdonnaye sur ce qu'il appelait *la conduite extravagante* de l'Empereur et sur les malheurs qu'elle lui faisait présager.

Le 3 avril, le colonel de La Bourdonnaye fut nommé officier de la Légion-d'Honneur.

Cependant, les événements de la campagne prenaient un haut degré de gravité, et les officiers qui entouraient l'Empereur parlaient déjà de son abdication. Le prince de Neufchâtel fit les ouvertures à Napoléon le 3 au soir; mais il fut reçu de manière à ne pas revenir sur ce sujet. Le 4, l'Empereur se décida de lui-même.

Après l'abdication de Fontainebleau, la plus grande
incertitude régnait parmi les officiers et les employés
du gouvernement. Ceux qui attendaient tout de Napoléon s'attachaient d'une manière désespérée à sa
fortune; ceux, au contraire, dont la fortune était
faite voyaient avec une sorte de plaisir s'établir
un état de choses qui leur assurait la tranquille
jouissance de leurs richesses et de leurs dignités;
et enfin, beaucoup d'officiers, descendants des anciennes familles de la noblesse, qui s'étaient atta-
chés à l'Empereur comme au chef de l'État, qui n'a-
vaient eu d'autre but que de servir la France, et non
un homme, sentaient se réveiller en eux l'antique
dévouement de leurs pères pour la famille des
Bourbons; de ce nombre était M. de La Bourdonnaye.

Convaincu d'avoir rempli jusqu'à la fin ses devoirs de militaire et de Français, il offrit son épée
au nouveau gouvernement. Le 18 juillet, il reçut la
croix de Saint-Louis, et prêta serment entre les
mains du prince de Wagram, qui commandait alors
une compagnie des gardes-du-corps de Louis XVIII.
Par ordonnance royale du 9 octobre, il fut nommé
colonel du 12e régiment de chasseurs; mais l'arrivée

du duc de Berry changea cette disposition, car le prince fit donner ce régiment à M. de Grouchy.

Le 1er mars 1815, l'Empereur ayant reparu en France, l'on organisa un corps de volontaires royaux, dans lequel M. de La Bourdonnaye, alors sans emploi, demanda à être incorporé : il obtint aussitôt le commandement d'une de ces compagnies. Organisé plus tôt, ce corps aurait pu rendre d'importants services ; mais il ne fut pas employé, et les princes français partirent sans emmener leurs maisons militaires.

La rapidité des événements rendait impossible tout espoir de résistance, et le Roi ne voulut même pas qu'on essayât de s'opposer à la marche de l'Empereur. M. de La Bourdonnaye alla consulter le général de Latour-Maubourg, qui avait organisé les volontaires royaux, pour lui demander ses conseils : celui-ci lui répondit que chacun devait faire ce que son honneur et sa conscience lui prescrivaient. M. de La Bourdonnaye résolut de partir pour la Bretagne ; mais tous les postes élevés étaient entre les mains des hommes dévoués à Napoléon, et M. de Lavalette refusait tout passe-port sans un ordre de l'Empereur. Néanmoins, M. de La Bourdonnaye fut assez heureux pour en obtenir un. Craignant d'être arrêté aux barrières, il quitta immédiatement la capitale avec M. Amédée de Menou, qui avait les mêmes projets que lui. Le même jour, Napoléon faisait son entrée à Paris.

Le lendemain, ils arrivèrent à Laval, où ils apprirent que le duc de Bourbon venait de partir pour la Vendée. Ils se rendirent à Château-Gontier pour tâcher d'avoir quelques renseignements auprès de M. d'Estourmel, sous-préfet de cette ville et ami de M. de La Bourdonnaye. De là ils se rendirent à Angers, puis revinrent à Laval. Mais, rien ne s'étant organisé pour soutenir la cause royaliste dans la Vendée, M. de La Bourdonnaye retourna en Bretagne, et arriva le 27 mars à Rennes, où il se décida à attendre le résultat des événements. Il séjourna deux mois dans cette ville, et fit partie du comité royaliste, auquel le général d'Andigné, agissant au nom du duc de Bourbon, avait donné les pouvoirs d'organiser le département d'Ille-et-Vilaine ; mais il n'y eut pas lieu d'user de ces pouvoirs.

Napoléon ayant de nouveau abdiqué la couronne

(22 juin 1815), toute lutte était nécessairement terminée en Bretagne : dès lors M. de La Bourdonnaye se disposa à se rendre à Paris pour se rapprocher du roi qu'on y attendait prochainement, et qu'il rejoignit à Saint-Denis. Louis XVIII fit son entrée à Paris le 8 juillet, et le 14 août les colléges électoraux furent convoqués pour la nomination d'une nouvelle Chambre des Députés. Le 11 août M. de La Bourdonnaye avait été élu président du collége de l'arrondissement de Redon.

L'on créait alors beaucoup de pairs de France, et le nom de La Bourdonnaye se trouvait sur une liste de proposition. Plusieurs personnages influents, tels que M. le prince de Talleyrand, M. le prince de Wagram, etc., avaient en vue M. le marquis de La Bourdonnaye, père du colonel Arthur de La Bourdonnaye. Mais la volonté du roi décida pour M. le comte de La Bourdonnaye-Blossac, représentant la branche cadette de la famille, qui l'avait accompagné à Gand.

M. de La Bourdonnaye ayant demandé à Mgr le duc de Berry de vouloir bien s'intéresser à la demande qu'il faisait d'un régiment, il reçut, le 27 décembre 1815, la mission de former le 14ᵉ chasseurs, dits *du Morbihan*. Ancien officier supérieur de l'Empire, guidé par ses talents militaires et son expérience, il introduisit dans ce corps une discipline sévère, et évita la plupart des abus que toléraient tant d'autres colonels, abus qui faisaient crier contre les tendances soi-disant rétrogrades de la Restauration. Aimé de tous ses officiers et soldats, M. de La Bourdonnaye fit du 14ᵉ chasseurs l'un des plus beaux régiments de cavalerie légère de France, et acquit la réputation méritée d'un des meilleurs colonels de l'armée.

Au commencement de 1816, M. de La Bourdonnaye épousa mademoiselle Charlotte de Lantivy-du-Reste, fille de M. le comte de Lantivy-du-Reste, capitaine des vaisseaux du roi, et de mademoiselle du Bosc, tous deux appartenant à d'anciennes et nobles familles de Bretagne. A l'occasion de ce mariage, M. le marquis de La Bourdonnaye donna à son fils la terre de La Bourdonnaye et celle de Coëtion. Ces deux terres, couvertes de belles forêts, avaient été vendues nationalement, et étaient en mauvais état. Les grandes occupations politiques et militaires de M. de La Bourdonnaye ne l'empêchèrent pas de concipier avec ses autres devoirs ses devoirs de grand propriétaire. Il s'occupa activement de l'aménagement de ses bois, de réparations, etc., et commença dès lors ses grandes améliorations agricoles, qu'il continua depuis avec tant de succès.

Le 27 novembre 1819, M. de La Bourdonnaye fut nommé gentilhomme titulaire de la Chambre du roi : il en a rempli les fonctions jusqu'en 1830.

Décoré du titre de commandeur de la Légion-d'Honneur, le 1er mai 1821, il fut promu, le 13 décembre suivant, au grade de maréchal-de-camp. Son régiment le vit partir avec le plus vif regret. Ami et protecteur de tous ses subordonnés, il considérait comme une famille ce corps qu'il avait organisé lui-même, et il en défendait chaudement, en toute occasion, l'honneur et les intérêts. Le 14e chasseurs lui offrit une épée d'honneur, sur la lame de laquelle étaient gravés ces mots : *MM. les officiers du régiment de chasseurs à cheval du Morbihan à leur colonel, le comte Arthur de La Bourdonnaye.* Ils lui écrivirent en même temps la lettre suivante :

« Colonel,

» Le roi, en vous nommant maréchal-de-camp, a rendu justice à vos nombreux services, à votre brillante conduite à la guerre et à votre excellente administration pendant la paix. Agréez donc nos félicitations sincères sur votre avancement. La perte que nous faisons sera longtemps et vivement sentie; elle restera longtemps gravée dans nos cœurs. Nous éprouvons le besoin de vous en donner une preuve ostensible, et nous vous prions d'accepter cette épée comme un faible gage de notre reconnaissance; puissions-nous un jour être à même de vous prouver, au champ d'honneur, que nous parcourrons avec gloire le chemin que vous nous avez montré!

» Vos très-humbles et très-obéissants serviteurs,

« Signé : Chev. DE FOURNAS, lieut.-colonel; DEMONTS *, chef d'escadron; comte DE BEAUMONT, chevalier BLIN DE CHANTEMESLE, HUARD, MORIN, FIGON, etc. »

---

* Voyez la Notice nécrologique que le *Nécrologe universel du XIXe siècle* a consacrée à la mémoire de feu M. le général comte Bernard Demonts, maréchal-de-camp en retraite, commandeur de la Légion-d'Honneur, chevalier de Saint-Louis et de Saint-Ferdinand d'Espagne, mort au château de Bellegarde, près d'Auch (Gers), le 11 août 1846, par E. Saint-Maurice Cabany.

(Note du rédacteur en chef).

Appelé, en 1823, au commandement de la 1re subdivision de la 11e division militaire, à Bordeaux, M. de La Bourdonnaye fut nommé membre honoraire par le comité des chevaliers de Saint-Louis du département de la Gironde. Jusqu'alors il était resté complétement éloigné de la scène politique ; mais, désirant entrer dans la vie parlementaire, il avait suivi et étudié les événements, et s'était préparé, par de fortes études, à remplir honorablement cette nouvelle carrière,

Dans le mois d'octobre 1827, les électeurs de l'arrondissement de Pontivy (Morbihan) choisirent M. de La Bourdonnaye pour leur député, malgré le gouvernement, qui combattit son élection, parce qu'il passait pour avoir des opinions constitutionnelles plus avancées que la plupart des membres de la droite. Il vint prendre place à la Chambre des Députés, sur les bancs du centre droit, et, pendant les années 1828 et 1829, il prit une part active aux débats parlementaires, et porta souvent la parole, toujours dans l'intérêt de l'armée, sur des questions militaires, sur le budget de la guerre, sur les dispositions concernant l'état des officiers, les pensions militaires, les remontes, les haras, etc., etc.

Au mois de mai 1829, M. de La Bourdonnaye perdit son père. Il se trouva alors, comme chef de la famille, à la tête d'une grande fortune, et possesseur de belles et nombreuses terres patrimoniales. Le vieux marquis de La Bourdonnaye, frappé, comme tant d'autres, par les événements de la Révolution, avait fort négligé ses propriétés. Son fils y entreprit de grands et utiles travaux : il fit de sa terre de Blossac, près Rennes, l'une des résidences les plus renommées de la Bretagne, et embellit considérablement l'hôtel du même nom dans la ville de Rennes, et qui depuis longtemps appartenait à la famille. Il prit alors le titre de marquis de La Bourdonnaye.

Les idées politiques de M. de La Bourdonnaye étaient parfaitement conformes à celles du ministère Martignac : aussi, lors de la formation du ministère du 8 août, il fut l'un de ceux qui s'effrayèrent le plus de la marche politique qu'indiquait sa composition : et il écrivit alors à son cousin, M. le comte de La Bourdonnaye, qui était entré dans cette combinaison :

« Mon cher cousin,

» Je ne veux pas différer à vous exprimer l'intérêt
avec lequel j'ai appris la nouvelle position à laquelle
vous venez d'être appelé. Je ne sais pourtant si je
dois vous en faire mon compliment. Dans la position où nous sommes, les affaires sont un pénible
fardeau, même pour les talents les plus éprouvés,
et le ministère qui vient de se former ne peut man-
quer de rencontrer de grandes difficultés. Je crois,
entre autres, en entrevoir d'inextricables dans la
composition de notre Chambre; à moins de mira-
cles, le ministère ne peut guère y espérer une majorité. La dissoudre et recourir à d'autres élections
serait un grand danger; et il serait plus périlleux
encore d'essayer de s'en passer; car les coups d'état,
pour être salutaires, ont besoin d'être motivés sur
des nécessités irrécusables. Au surplus, toutes ces
questions ont, sans doute, été agitées, et il faut
qu'elles aient paru pouvoir être résolues avec avan-
tage. Je le souhaite plus que je ne l'espère, etc. »

En même temps, il écrivait aux membres de l'ancien cabinet, MM. de Martignac, de Caux, etc.,

pour leur exprimer le regret de voir changer la
marche politique.

Cependant les événements marchaient avec une
inquiétante rapidité : la Chambre fut dissoute; les
colléges électoraux furent réunis. M. le marquis de
La Bourdonnaye ne pouvait, pas plus que par le
passé, et vu la composition actuelle du ministère,
se présenter comme l'homme du pouvoir; mais le
pouvoir l'adopta, tant les idées avaient progressé,
et tant on commençait à sentir que les hommes sages
et modérés pouvaient seuls sauver la monarchie. Il
fut réélu.

Au commencement de l'été de 1830, M. le marquis de La Bourdonnaye fut appelé à Paris pour son
service de gentilhomme de la Chambre. Il se trouvait à Saint-Cloud lorsque parurent les ordonnances du 25 juillet; plus que personne, il déplora
ces mesures et l'absence des précautions les plus
nécessaires pour les soutenir.

Le 29 au soir, lorsque tout fut terminé à Paris,
où un gouvernement provisoire avait été établi,
M. le duc de Mortemart, que Charles X avait envoyé

à Paris, ne revenant pas, le roi chercha autour de lui qui il pourrait y envoyer. On lui nomma M. le marquis de La Bourdonnaye. Charles X, qui connaissait sa manière de voir, hésitant en ce moment, M. de ***, dit au roi : « Ah! sire, en quel dévouement aurez-vous confiance, si ce n'est en celui de M. de La Bourdonnaye? » Le roi le fit alors appeler et lui dit : « Avez-vous les moyens d'entrer dans Paris? » — « Oui, sire, j'y serai dans une heure. » Charles X donna alors ses instructions à M. le marquis de La Bourdonnaye : il devait voir M. le duc de Mortemart, et s'entendre avec les membres du gouvernement provisoire. Avant de quitter le roi, M. de La Bourdonnaye se jeta à ses pieds et voulut prononcer quelques mots sur la situation des affaires. « Non, non, lui dit le roi, en l'éloignant du geste, partez et revenez au plus tôt. » Malheureusement jusqu'à la fin, le roi Charles X craignit et repoussa les conseils.

Entrer dans Paris n'était pas chose facile pour une personne attachée à la Maison du roi : les troupes étaient expulsées de la ville, et les postes occupés par le peuple. M. le marquis de La Bourdonnaye résolut de ne point essayer d'entrer par ruse ;

membre de la Chambre des Députés, il prit le parti
de se présenter ouvertement aux barrières comme
un homme qui se rend à son poste. Il partit de Saint-
Cloud en tilbury; arrivé au pont de Grenelle, il fut
arrêté et questionné : il répondit qu'il était député,
et qu'il se rendait à la Chambre. Un homme du
peuple s'avança alors, et lui dit : « Si vous êtes député, dites votre nom : je les connais tous, je saurai si vous dites vrai. »

Craignant l'effet que pourrait produire son nom,
M. de La Bourdonnaye dit qu'il s'appelait le général Arthur. « En effet, répondit son interlocuteur,
il y a à la Chambre un général Arthur, mais c'est le
général de La Bourdonnaye, un député de la droite. »
A ce nom, des cris s'élevèrent dans la foule, et l'on
parla d'empêcher M. de La Bourdonnaye d'entrer
dans Paris.

Lorsque le calme se fut un peu rétabli, le général demanda à être présenté au chef, en disant :
« Êtes-vous des soldats ou une multitude indisci-
plinée? S'il y a quelque ordre parmi vous, prou-
vez-le, et conduisez-moi à celui qui vous com-
mande. »

Il obtint alors d'être conduit au poste des Invalides, commandé par un élève de l'École polytechnique, qui le crut un officier de la garde, le prit pourtant sous sa protection contre le mécontentement du peuple, et le fit conduire au poste de l'Hôtel-de-Ville. Les barricades coupaient encore toutes les rues de Paris, et l'on fut obligé de démonter la voiture de M. de La Bourdonnaye pour la faire entrer dans la ville; pour lui, mené à pied à l'Hôtel-de-Ville, il y passa toute la nuit sous la garde d'hommes armés, et ce ne fut que le lendemain matin qu'il put voir les membres du Gouvernement provisoire.

Il n'en put rien obtenir. Il prit alors en particulier le général Gérard (depuis maréchal) et lui fit part des dispositions du roi. Celui-ci lui répondit qu'il était trop tard d'un jour, et lui donna un sauf-conduit pour traverser les postes populaires et rejoindre le roi.

Lorsque, dans l'après-midi du même jour, M. le marquis de La Bourdonnaye revint à Saint-Cloud pour rendre compte de sa mission à Charles X, déjà toute la famille royale était partie pour Rambouillet; le château était envahi par le peuple; en cette cir-

constance, M. de La Bourdonnaye perdit ses unifor-
mes et ses décorations. Il partit aussitôt pour Rambouillet, en compagnie de M. de Mackau, afin de
rendre compte au roi de ce qu'il avait fait et prendre ses ordres.

Il trouva le duc d'Angoulême aux avant-postes de
la garde royale, dans la plaine de Rambouillet. Ce
prince, qui était dans le plus grand découragement,
dit avec vivacité à M. de La Bourdonnaye : « Tout est
fini; le roi a abdiqué; j'ai abdiqué aussi. » Puis,
montrant cette garde si belle et si dévouée qui l'entourait, il ajouta : « Ces pauvres gens sont épuisés
de fatigue, pourtant ils nous défendraient jusqu'à la
dernière goutte de leur sang; mais c'est tout ce que
nous pouvons leur demander désormais. »

Charles X ne savait encore à quel parti il s'arrê-
terait et ne donnait aucune direction aux amis fidèles
qui lui offraient leurs bras et leur vie avec un admirable dévouement. M. le marquis de La Bourdonnaye revint à Paris, où le rappelaient ses devoirs de
député et où sa fidélité pouvait encore être utile au
trône dans les grandes décisions qui se préparaient,
et ce ne fut que dix jours après les événements qu'il

put revoir son épouse et sa fille, qui, au moment de la Révolution, étaient dans les Pyrénées, et qui vinrent le rejoindre dans la capitale.

M. de La Bourdonnaye hésita à prendre part aux travaux de la Chambre lorsqu'il la vit outre-passer ses pouvoirs. Présent à cette séance où il fut question d'élire un roi, il déclara à la tribune qu'il ne pouvait se croire autorisé à considérer le trône comme vacant, non plus qu'à coopérer à une élection nouvelle. Alors commença pour lui une époque d'incertitudes, de chagrins et de souffrances.

Après la dissolution de la Chambre, M. le marquis de La Bourdonnaye revint en Bretagne, et, le 25 octobre 1830, il adressa une protestation aux électeurs de Pontivy contre tout ce qui s'était fait à Paris.

M. de La Bourdonnaye ne fut pas réélu ; car, à cette époque, à peine quelques royalistes bretons consentaient à aller aux élections.

Rendu ainsi à la vie privée, il chercha, par des occupations nouvelles, à se rendre encore utile à son pays. Doué d'un esprit actif, il consacra tous ses soins à l'agriculture. Sa position lui donnait les moyens de favoriser un art si utile, et pourtant si négligé; grand propriétaire et influent dans sa province, il s'attacha à former des établissements qui pussent aider les progrès de la culture dans un pays aussi reculé que l'était alors la Bretagne. Des procédés nouveaux et perfectionnés furent employés dans sa belle terre de Blossac; et, de concert avec M. de Lorgeril, il s'appliqua à étendre dans le pays l'emploi des amendements et engrais calcaires, que l'on trouve en Bretagne, et qui ont changé la face de tous les pays où ils ont été employés. Il favorisa l'amélioration des races de bestiaux du pays, introduisit la culture des fourrages artificiels, et, malgré les habitudes routinières des paysans bretons, son exemple ne fut pas sans produire de bons effets autour de lui. Ancien officier de cavalerie, il s'occupa également de l'amélioration de la race des chevaux dans la province. Les expériences qu'il faisait depuis longtemps en ce genre l'avaient mis en position d'exposer à la Chambre, quand il était question des haras, le fruit de ses études et de ses observations.

Le premier, M. le marquis de La Bourdonnaye eut l'idée que l'établissement d'une ferme-modèle et d'un institut agricole en Bretagne serait utile pour le pays. Il prit une large part à la fondation de l'Institut agricole et de la sucrerie de Coetbo, et il ne recula devant aucuns sacrifices pour en assurer la prospérité. Néanmoins, l'Institut ne put se soutenir; mais il avait fait du bien dans la contrée. La terre de La Bourdonnaye, située dans le Morbihan, était en grande partie composée de bois et de vastes landes; les bois aménagés depuis longtemps furent bientôt amenés aux usages des forêts de l'État; des landes furent ouvertes et converties en terres arables et en prairies, d'autres, tout à fait rebelles à la culture, furent ensemencées en arbres verts. Cet exemple, suivi depuis par un grand nombre de propriétaires bretons, a substitué de vastes bois de pins aux arides bruyères du Morbihan. M. le marquis de La Bourdonnaye établit dans sa terre une belle culture qui a introduit dans le pays des exemples d'excellents procédés agricoles. Il donna une grande impulsion à la formation des comices agricoles, destinés à la propagation des bons instruments et à l'instruction des cultivateurs bretons; un premier fut établi par lui dans la commune de Carentoir, où est située la terre de La Bourdonnaye, et il le présida jusqu'à sa mort. Cette institution, singulièrement favorisée par le gouvernement, se multiplia beaucoup en Bretagne, et presque chaque commune en possède un aujourd'hui.

M. le marquis de La Bourdonnaye, passant désormais une grande partie de sa vie dans ses terres, voulut faire le bien dans la population pauvre qui l'entourait. Des travaux d'embellissement et d'utilité publique furent entrepris à sa terre de Blossac; on y employait principalement les femmes, les enfants et les ouvriers incapables de trouver ailleurs un salaire suffisant à leurs besoins. Il y établit aussi une école gratuite pour tous les enfants pauvres, institution éminemment utile dans un pays où les cultivateurs font si peu de cas de l'éducation. Une sœur fut chargée de visiter les malades pauvres; un médecin même lui était adjoint au besoin. Pendant ce temps, il s'occupa aussi activement de l'éducation de son fils et de sa fille, qu'il avait entreprise dès leur plus bas âge, malgré ses nombreuses occupations.

En 1831, M. le marquis de La Bourdonnaye fut désigné pour faire partie du cadre de l'activité de l'armée : il écrivit alors au ministre de la guerre pour lui dire que, si on lui donnait des fonctions mi-

litaires, il ne pourrait les accepter : en conséquence,
il demandait à être mis à la réforme, ce qui lui fut
accordé le 7 mai de la même année.

En 1835, il fit avec son fils, qui avait alors dix-
huit ans, une tournée complète de la Bretagne, et
en 1836 il partit pour l'Allemagne avec lui et deux
de ses neveux. Il se rendit ensuite à Prague pour re-
nouveler au roi Charlés X l'assurance d'un attache-
ment fortifié par ses malheurs.

A cette époque, les membres influents du parti
légitimiste cherchaient à organiser des comités électoraux. Usant de son autorité dans le pays, M. le
marquis de La Bourdonnaye secondait puissamment
cette organisation, et engageait à aller aux élections
ceux que le serment politique en éloignait encore.
Ses efforts furent absolument infructueux pour les
élections de 1834, car les légitimistes bretons n'y
prirent aucune part. Il fut question de M. le marquis de La Bourdonnaye dans quelques arrondisse-
ments ; mais nulle part sa candidature ne put être
sérieuse. Il avait examiné avec soin la question de
savoir quelle devait être la conduite des légitimistes
et des hommes monarchiques de cette époque, et le

résultat de ses réflexions l'avait conduit à penser qu'il était de leur devoir de ne rien accepter du pouvoir, mais en même temps ne rien refuser des fonctions confiées par le pays. Un assez grand nombre de légitimistes bretons avaient adopté la manière de voir de M. de La Bourdonnaye. Aussi, en 1837, lorsque les colléges électoraux furent de nouveau réunis, plusieurs lui firent demander s'il consentirait à accepter la députation. M. le marquis de La Bourdonnaye désirait peu rentrer dans la vie parlementaire, mais il considérait comme un devoir l'acceptation des fonctions de député.

Malgré les efforts du pouvoir, il fut nommé député à Hennebon, où il n'était pas alors; et les lettres de félicitation, pleines d'expressions d'estime qu'il reçut, non-seulement des personnes de son opinion, mais de citoyens appartenant à d'autres nuances politiques, prouvèrent bien qu'il était encore plus l'homme du pays que l'homme de l'opinion. Il eut un certain nombre de voix à Muzillac, ainsi qu'à Redon; à Ploërmel, il aurait été infailliblement nommé si, la sous-préfecture ayant été brûlée la veille, l'élection n'eût pas été retardée de trois semaines. Un mois après, l'élection de Ploërmel ayant eu lieu, le candidat légitimiste échoua, et M. le marquis de La Bourdonnaye reçut plusieurs lettres de cet arrondissement où on lui exprimait le regret de n'avoir pu porter les voix sur lui, puisqu'il avait déjà été nommé ailleurs, et l'assurance que son élection eût été certaine si on l'avait eu pour candidat.

L'élection de 1839 se passa de la manière la plus naturelle pour M. le marquis de La Bourdonnaye. Il était le candidat de l'arrondissement d'Hennebon, et son attitude à la Chambre, les services qu'il avait rendus à la localité lui avaient concilié les suffrages de beaucoup de personnes qui ne s'étaient pas ralliées autour de lui à la précédente élection, soit à cause de leurs intérêts particuliers, soit qu'elles ne partageassent pas alors ses idées politiques. M. de La Bourdonnaye l'emporta avec une belle majorité sur son concurrent, M. Fruchard, que le pouvoir soutenait. A la même élection, il réunit un assez grand nombre de voix au collége de Redon.

Pendant cette session, M. le marquis de La Bourdonnaye s'occupa principalement de toutes les questions militaires, de celles de haras, etc.; il prit en

main vivement l'intérêt du pays dans toutes les discussions d'intérêt local, et obtint souvent la répa-
tion d'injustices commises, et autres avantages pour
le bien du département.

Député breton, M. le marquis de La Bourdonnaye
défendit, dans de fréquentes occasions, les intérêts
des prisonniers politiques qui, ayant pris part au
mouvement de 1832, se trouvaient ou dans les pri-
sons, ou gravement compromis. Il s'éleva toujours
avec chaleur contre les mesures rigoureuses et ar-
bitraires que le gouvernement employa longtemps
encore après que les troubles eurent cessé dans la
Bretagne.

Dans les années 1839 et 1840, M. le marquis de
La Bourdonnaye, quoique aimant tendrement son
fils, qui était alors âgé de vingt-un ans, se décida
à lui faire faire un long voyage en Asie (Turquie,
Perse, Arabie, Syrie, Égypte); il ne s'abusait pas
sur toutes les chances possibles d'un pareil voyage;
mais il voyait les choses de trop haut, et sa tendresse était trop éclairée pour mettre en balance ses
propres inquiétudes avec les avantages qu'il pensait
que son fils pourrait en retirer.

En 1842, M. le marquis de La Bourdonnaye se trouva de nouveau candidat de l'arrondissement d'Hennebon, et comme le pouvoir craignait beaucoup sa réélection, il lui opposa M. Genty de Bussy, et la soutint par tous les moyens que le gouvernement a toujours à sa disposition. Cependant M. le marquis de La Bourdonnaye fut réélu député à une grande majorité. Pendant cette session, il s'éleva vivement, et en plusieurs occasions, contre les fortifications de Paris; parla sur la question d'Orient, la police du roulage, la formation de nouveaux régiments et sur les affaires d'Haïti. Député consciencieux, instruit, laborieux, d'une loyauté, d'une franchise toute militaire, M. le marquis de La Bourdonnaye fut un de ceux qui jetèrent le plus de lumières sur les discussions auxquelles il prit part.

En 1843, il fut question d'un voyage que le duc de Bordeaux faisait à Londres pour se mettre plus facilement en relation avec les légitimistes qui désiraient lui rendre leurs hommages, et qu'une trop grande distance éloignait de sa personne. Le premier mouvement de M. le marquis de La Bourdonnaye fut de suivre l'exemple des légitimistes de la Bretagne, qui se disposaient presque tous à partir pour Londres. Il écrivit dans ce sens à son fils, qui était alors à Paris et sur le point d'entreprendre un long voyage en Europe, en commençant par l'Italie. Il lui mandait de changer ses projets et de se rendre en Angleterre, où lui-même le rejoindrait bientôt. S'étant ensuite entendu sur ce sujet avec ses amis politiques, et voyant les différentes appréciations que l'on faisait sur les positions parlementaires, M. le marquis de La Bourdonnaye se décida, quoique à son grand regret, à ne pas partir; pensant, d'ailleurs, que sa famille était représentée à Londres par son fils et son gendre.

Dans la session suivante, M. le marquis de La Bourdonnaye fit tout au monde pour lier sa position à celle des députés qui avaient fait le voyage d'Angleterre, non qu'il regrettât de ne l'avoir pas fait lui-même, mais il ne voulait pas que sa cause fût séparée de la leur. Le vote de la Chambre et ce mot de *flétri*, qu'il regardait comme l'atteignant lui-même, lui firent le plus grand mal. Sa santé en souffrit; il voulait donner sa démission avec les quatre députés qui avaient fait le voyage de Londres : ses amis politiques seuls, auxquels il avait promis d'agir comme il en aurait été décidé dans

une réunion générale des députés légitimistes, l'empêchèrent de le faire.

Cependant M. le marquis de La Bourdonnaye, à
peine âgé de cinquante-neuf ans, pouvait espérer
encore de longues années; mais un refroidissement
ayant déterminé une fluxion de poitrine, compliquée d'une congestion cérébrale, il succomba presque subitement, après deux jours de maladie, à la
violence du mal, le 11 avril 1844.

Ainsi mourut, jeune encore, le général marquis
de La Bourdonnaye, qui mérita toujours l'estime et
l'affection de ses amis comme de ses adversaires.
Mais ce n'est pas seulement par les grandes actions
qu'un noble cœur, qu'un caractère élevé se dé-
montrent, c'est par la constante habitude des vertus
les plus pures, qu'on peut juger si ces brillantes qualités sont à l'épreuve des circonstances, si l'homme
privé, dans l'abandon de sa vie intime, est à la
même hauteur que l'homme public qui pose. A
cet égard, la vie de M. le marquis de La Bourdonnaye pourrait défier l'observateur le plus exercé, le
plus méticuleux; ce sentiment chevaleresque, exa-
géré des devoirs, il le portait à l'extrème vis-à-vis

du dernier de ses semblables comme vis-à-vis de sa patrie. Une délicatesse excessive, une constante abnégation de soi-même, un dévouement inaltérable envers les autres, un esprit de justice et de vérité qui le rendait aussi défiant envers lui que ferme et persévérant quand il s'agissait de remplir un devoir, tout cela, orné, embelli par une grâce parfaite, une bienveillance extrême, mais non banale, une dignité noble, mais douce, froide, sans être roide ni sévère, tel était M. de La Bourdonnaye dans le commandement comme dans la vie privée. Un mot d'un de ses adversaires politiques qu'il a combattu comme ministre, et qui, cependant, a voulu être le premier auprès de son cercueil, le peint d'ailleurs mieux que tout ce que nous pourrions en dire : « *Nous avons tous été mêlés depuis quarante ans, comme M. de La Bourdonnaye, à la vie publique*, disait-il, *et nous y avons éprouvé plus ou moins de succès ou de revers ; mais il n'y a pas un seul de nous dont on puisse dire, comme de lui, qu'il n'a jamais eu d'ennemis.* »

M. le marquis de La Bourdonnaye, ainsi qu'il en avait manifesté le désir, a été inhumé dans la chapelle du château de Blossac, sépulture de sa famille.

Cette perte fut vivement et généralement sentie, et tous les journaux de Paris et des départements, sans distinction de nuances politiques, furent unanimes pour payer un juste tribut de regrets à l'homme remarquable dont avons retracé avec impartialité, dans cette notice, la vie militaire et parlementaire. Pour compléter notre œuvre, nous nous faisons un plaisir de donner quelques extraits de ces journaux, qui feront mieux connaître encore les services qu'il a rendus à la France comme militaire distingué et député consciencieux.

Quotidienne du 12 avril 1844 :

« La France et l'armée ont fait une nouvelle perte, et elle sera vivement sentie par tous. Le général marquis de La Bourdonnaye vient d'être enlevé à sa famille et à ses amis, après une courte maladie ; ses nobles sentiments, ses qualités aimables rehaussaient en lui le mérite des services rendus dans sa double carrière militaire et législative. La Chambre des Députés le regrettera, et le collége de Lorient se demandera comment il pourra le remplacer ; nous sommes sûrs, en exprimant cette pensée, de trouver de l'écho partout où l'honorable M. de La Bourdonnaye a pu être connu et apprécié. »

Presse du 12 avril 1844 :

« M. le général marquis Arthur de La Bourdonnaye, député du Morbihan, vient d'être enlevé subitement à sa famille et à ses nombreux amis, qui, presque tous, ont appris aujourd'hui sa maladie en même temps que sa mort.

» M. le général de La Bourdonnaye, l'un des plus braves officiers de l'Empire, n'était pas moins distingué par la noblesse de ses sentiments que par la noblesse de sa naissance. Nul ne possédait à un plus haut degré le courage, la loyauté, la délicatesse et le désintéressement ; il poussait presque ces qualités jusqu'à l'excès. La nouvelle de sa mort, apportée aujourd'hui à la Chambre des Députés, y a produit la plus douloureuse sensation. »

Nouvelles à la main. — Avril :

« Parmi les morts de qualité de la nouvelle saison, nous avons à nommer le général de La Bourdonnaye et le marquis de Louvois. Le premier emporte avec lui le secret du dernier siècle, où l'on savait être à la fois homme de guerre et homme du monde, bon soldat et beau gentilhomme. »

France, 12 avril 1844.

« M. le général Arthur de La Bourdonnaye, député de Lorient, vient de mourir presque subitement, après deux jours de maladie. La Chambre, en apprenant cet événement, a manifesté une profonde douleur. L'opinion royaliste fait une perte immense. M. de La Bourdonnaye, dont les convictions politiques étaient si fermes, dont l'esprit était si élevé, défendait avec chaleur les principes sacrés de la monarchie. Nous l'avons entendu, il y a quelques jours, parler sur la question du recrutement avec un accent de profonde conviction et une distinction, en quelque sorte naturelle chez lui, qui donnait encore plus de prix à sa parole toujours sincère et éclairée. Il a été pris, dimanche dernier, d'un refroidissement qui a déterminé une fluxion de poitrine compliquée d'une congestion cérébrale. La violence du mal a déjoué tous les efforts de l'art. »

Siècle du 12 avril 1844 :

« M. le général Arthur de La Bourdonnaye a été

subitement enlevé à sa famille et à ses amis. En lui,
la Chambre a perdu un de ses membres les plus
honorables, l'ancienne armée un de ses plus braves
soldats, la France un de ses meilleurs citoyens.
C'est un hommage que nous nous plaisons à lui
rendre, nous qui le comptions parmi les adversaires politiques de notre principe. Le parti légitimiste, qui a ses infirmités comme les autres, et
qui, pour les couvrir, a quelquefois recours au
charlatanisme, avait dans son sein des notabilités
plus retentissantes, mais aucune plus pure que
celle-là. Bien des gens se donnent les airs ou af-
fectent les sentiments des gentilshommes d'un autre
âge, M. de La Bourdonnaye, lui, aussi simple que
modeste, avait vraiment le cœur d'un chevalier; ses
engagements étaient sacrés et sa parole toujours
sûre. Chacun lui rendait cette justice, et s'il y eût
jamais quelque chose à reprendre en lui, c'était
seulement l'exagération de ses scrupules. Ainsi on
raconte que M. de La Bourdonnaye, vivement affecté,
au commencement de la session, de l'intention an-
noncée par le ministère de faire introduire dans
l'adresse des paroles de flétrissure contre les légitimistes compromis par le voyage de Londres, avait
déclaré qu'il se retirerait de la Chambre si cette

menace était suivie d'effet. Une détermination prise
par la majorité de ses amis, à laquelle il dut se sou-
mettre, ne lui ayant pas permis de persister dans sa
résolution, il en avait gardé un véritable chagrin,
craignant d'avoir manqué à un devoir.

» Aussi ce vote de flétrissure, qui pourtant ne
l'atteignait pas, lui revenait sans cesse à la pensée
dans toutes les discussions auxquelles il a pris part
depuis deux ou trois mois; il était toujours conduit, avec ou sans opportunité, à protester contre
ce vote. C'est ainsi que le jour où un autre vétéran
de l'armée impériale, le colonel Bricqueville, déve-
loppa sa proposition relative aux honneurs à rendre
au général Bertrand, le député du Morbihan, se
laissa aller à des récriminations amères contre la
majorité : ce jour-là, Bricqueville, déjà presque
mourant, étant assis sur les bancs de la gauche, à
côté de celui qui écrit ces lignes, dit d'une voix
pleine d'émotion : « Ce pauvre La Bourdonnaye,
vous l'entendez; il nuit, sans le vouloir, à ma proposition; mais je le lui pardonne : quand on l'a
vu au feu, comme moi, combattant pour la défense
du pays et pour l'honneur du drapeau, il est impossible de ne pas l'aimer. » Ces deux hommes, di-

visés par les opinions, se ressemblaient par le cœur. Tous deux avaient à un haut point le sentiment de nationalité; tous deux avaient le corps criblé de blessures reçues au service du pays; tous deux aimaient sincèrement la liberté. Ils sont morts à peu de jours de distance; ainsi que Bertrand et Pajol, ils nous ont laissé de précieux souvenirs et de nobles exemples. »

Gazette de France, 16 avril 1844 :

« La Bretagne vient de perdre un de ses plus no bles enfants, la France un de ses dévoués citoyens, M. le marquis de La Bourdonnaye, maréchal-de-camp, commandeur de la Légion-d'Honneur, chevalier de Saint-Louis et député du Morbihan, n'est plus. Le cœur se brise en pensant à une fin si inattendue et si fatale, qui réveille tous les souvenirs d'une vie aussi pure, aussi chevaleresque. M. Arthur de La Bourdonnaye appartenait à une des familles les plus distinguées de la Bretagne. Né le 29 janvier 1785, il ne tarda pas à comprendre, à la fin d'une révolution qu'il avait traversée enfant, qu'une ère nouvelle ouvrait à la jeunesse française, sous un gouvernement régulier, une carrière digne de son nom. C'est à la profession des armes que M. Arthur de La Bourdonnaye, qui entendait être le fils de ses œuvres, alla demander les moyens d'ajouter encore à l'illustration du sang qui coulait dans ses veines. Le 20 février 1805, il s'engagea comme simple volontaire dans le 7e régiment de hussards ; il passa, dans la même année, par tous les grades inférieurs, et fit partie, en 1806, de l'armée de Naples, en qualité de sous-lieutenant dans le 25e régiment de chasseurs à cheval. La réputation qu'il y laissa était si brillante, que, plusieurs années après qu'il fut sorti de ce régiment, on le citait toujours comme un modèle de vertus militaires. *On ne m'ôtera pas*, disait souvent M. de La Bourdonnaye, *l'ambition d'être toujours en avant; je devrai tout à moi-même, ou je serai tué.*

» Il fut blessé grièvement de deux balles dans la campagne de 1807, passa, en 1808, avec le grade de lieutenant, au 8e hussards, et devint successivement aide-de-camp du général Lagrange et du duc de Montebello. A Essling, M. Arthur de La Bourdonnaye était déjà connu pour l'un des plus intrépides officiers de la grande armée ; Napoléon, qui se connaissait en courage et en mérite, lui déféra par un décret le titre de baron de l'Empire. A Wagram il se distingua d'une manière toute particulière; il fut chargé de suivre le mouvement de retraite de l'ennemi, ce qu'il fit malgré ses blessures.

» Devenu chef d'escadron, en 1811, au 12e chasseurs, il eut une jambe fracassée par un biscaïen, à la bataille de la Moskowa ; son colonel ayant été tué au commencement de la campagne , c'est lui qui commandait le régiment. M. Arthur de La Bourdonnaye fut attaché, en 1813, comme colonel aide-de-camp au maréchal Berthier, prince de Wagram. Il fit avec la plus grande distinction les campagnes de 1813 et 1814 , et ne quitta Napoléon qu'à Fontainebleau, après son abdication. A la première Restauration, il resta attaché au maréchal Berthier, et se retira dans ses foyers pendant les Cent-Jours. A la seconde Restauration, le roi l'appela au commandement du régiment de chasseurs du Morbihan, qu'il fut chargé d'organiser. Après avoir fait de son régiment l'un des plus beaux et des plus instruits de l'armée, il fut promu, en 1822, au grade de maréchal-de-camp, et successivement nommé commandeur de la Légion-d'Honneur, gentilhomme de la Chambre et commandant de la subdivision militaire à Bordeaux. Depuis cette époque, il commanda une brigade de cavalerie au camp de Lunéville, et fut chargé, quelque temps après, d'une inspection de cavalerie.

» Choisi par les électeurs du Morbihan, en 1827, pour leur député à la Chambre, M. le marquis de La Bourdonnaye s'occupait spécialement, dans ses nouvelles fonctions législatives, de questions qui concernaient le bien-être des troupes ou la défense du pays.

» En 1830, au moment des ordonnances du 25 juillet, M. de La Bourdonnaye se hâta d'aller à Saint-Cloud offrir ses conseils et ses services au malheureux Charles X; le roi l'envoya en mission auprès du duc de Mortemart. Arrêté par les insurgés, qui le conduisirent à l'Hôtel-de-Ville, il ne dut sa délivrance qu'à son titre de député. Après avoir rempli sa mission, M. Arthur de La Bourdonnaye alla rejoindre le roi à Rambouillet. De retour à Paris, pour l'ouverture des Chambres, il se prononça énergiquement, le 7 août, contre les modifications proposées à la Charte de 1814 et contre la déclaration de la Chambre qui détruisait l'ordre de successibilité au trône en donnant la couronne à un parent de la famille royale.

» Après l'établissement du nouveau gouvernement, M. Arthur de La Bourdonnaye ne fut plus employé dans l'armée, mais il resta à son poste dans la Chambre, pensant avec juste raison que ses devoirs envers la France pouvaient se concilier parfaitement avec les principes et les sentiments qu'il gardait dans son cœur. Peu de personnes ont porté le scrupule de la conscience aussi loin que le noble député dont nous regrettons si profondément la perte ; pour beaucoup de monde, ce scrupule passait pour de l'indécision, tandis que ce n'était chez lui qu'un excès de probité. Dans toutes les questions où l'honneur, l'indépendance, les libertés du pays étaient en jeu, M. Arthur de La Bourdonnaye se trouvait constamment sur la brèche. Dans la discussion de la loi relative aux fortifications de Paris, il traita la question en militaire, au point de vue le plus élevé ; son discours restera comme une protestation contre les dangers de tous genres qui résultent nécessairement de la concentration dans la capitale des forces militaires d'une grande nation. M. Arthur de La Bourdonnaye, quoique n'ayant pas été à Londres, pour des raisons particulières qui le retenaient chez lui, voulait se retirer devant le vote de la majorité sur la *flétrissure.*

» *Je ne suis pas fait pour rester dans cette Chambre,* répétait-il souvent avec la plus vive indignation ; il voulait que les Bretons qui l'avaient nommé renouvelassent son mandat ; mais il céda enfin aux représentations de ses amis et de ses collègues.

» Peu de temps après le vote de la flétrissure, un brave général causait avec M. le ministre Villemain ; celui-ci traitait légèrement cette mesure de la majorité, et ne voyait rien qui pût blesser la susceptibilité la plus ombrageuse. M. Arthur de La Bourdonnaye vint à passer près d'eux ; en ce moment il paraissait fort irrité, et ses traits étaient visiblement altérés. « M. le ministre, dit alors l'officier-général, vous n'attachez pas d'importance au vote que vous avez provoqué : *voilà un homme d'honneur que vous tuez peut-être.* »

» M. le marquis de La Bourdonnaye, toujours dominé par l'impression profonde qu'il avait éprouvée, lui, si délicat en fait d'honneur, n'a pas longtemps

survécu à ce vote de la majorité; il est mort avec la
conscience de n'avoir jamais eu en vue, comme soldat et comme député, que les vrais intérêts de la
France; il emporte avec lui les respects de tous ceux
qui ont connu ce noble débris de notre gloire militaire moderne, et le successeur de vertus hérédi-
taires. A toutes ses qualités comme homme public,
M. de La Bourdonnaye joignait toutes les qualités
privées les plus recommandables. Il avait un désir
de faire le bien qui jamais ne se démentait; c'était
un besoin pour lui que de répandre des bienfaits,
de rendre des services à ceux qui s'adressaient à lui;
très-souvent il allait au-devant de ceux qu'il pouvait
obliger. Cette extrême bienveillance, jointe au plus
noble cœur, faisait de M. de La Bourdonnaye un des
hommes les plus aimés et les plus estimés de la
Chambre. Son nom était vénéré en Bretagne, et je
sais mieux qu'un autre la douleur que ses nombreux
amis ressentiront à la nouvelle de la perte cruelle
que nous venons de faire. Au moins, ses cendres
reposeront sur cette terre d'honneur et de fidélité
dont il était un si noble modèle, terre digne de lui,
et dont il fut toujours le loyal représentant. M. de
La Bourdonnaye laisse après lui des afflictions dans
une famille qu'il aimait tendrement; madame de La

Bourdonnaye et sa fille, madame de Bréon, arrivaient, heureuses de le revoir après une absence de quelques mois : hélas ! le mal avait été si prompt qu'il n'avait déjà plus sa connaissance quand sa famille fut réunie autour de son lit de mort. Il avait reçu les secours de la religion dans la journée ; après quatre heures d'agonie, le général de La Bourdonnaye rendit à Dieu sa belle âme. On ne peut essayer de dépeindre la douleur d'une pareille situation... Puissent les regrets universels en adoucir l'amertume. Son fils, Boyer de La Bourdonnaye, ignore encore le malheur qui l'a frappé ; digne fils d'un tel père, quel triste et douloureux retour lui est réservé ! De nobles exemples à suivre lui restent : il n'y faillira pas.

» Député de la Bretagne, honoré de l'amitié du général de La Bourdonnaye depuis ma jeunesse, je ne trouve dans ma douleur d'autres éloges à faire de sa vie que de la raconter simplement : c'est un hommage que je rends à sa mémoire, qui me sera toujours chère.

» Signé : Marquis de La Rochejacquelein,
député du Morbihan. »

Vigie du Morbihan du 16 avril 1844 :

« Une douloureuse nouvelle nous est parvenue dimanche dernier : M. le général de La Bourdonnaye, député de Lorient (*extra muros*), est mort à Paris. Atteint d'une fluxion de poitrine, il a succombé au bout de cinq jours. Cette perte sera vivement sentie en Bretagne, surtout dans l'Ille-et-Vilaine et le Morbihan, où M. de La Bourdonnaye était si honorablement connu, et où les hommes les plus opposés à ses opinions rendaient hommage à la loyauté de son caractère et à la nationalité de ses idées.

» Engagé volontaire sous l'Empire, il avait gagné sur les champs de bataille tous ses grades, depuis le plus humble jusqu'à celui de chef d'escadron, officier d'ordonnance de l'Empereur. Aussi Napoléon avait-il la plus haute estime pour sa bravoure et pour sa fermeté bretonne.

» Nommé général sous la Restauration, à laquelle le rattachaient ses traditions de famille, M. de La Bourdonnaye se montra plein de tolérance pour ses adversaires politiques, et il conserva toujours la plus grande admiration pour l'époque héroïque qu'il

avait traversée. Comme député, on le vit constamment lutter avec vigueur contre la politique d'abais-
sement. Homme d'expérience et de capacité, il a
plus d'une fois contribué à éclairer les questions
militaires, et il a toujours défendu avec énergie,
mais avec cette urbanité qui ne l'abandonnait jamais, les intérêts de l'agriculture trop souvent mé-
connus. L'arrondissement qu'il représentait avait
pour lui une véritable affection, et les regrets qu'y
causera sa mort ne sont pas près de s'effacer. »

Spectateur Militaire. — Mai 1844 :

« Il est difficile de bien louer ceux qu'on aime ;
une sorte de pudeur empêche dedire au public tout
ce que l'on pense d'eux quand ils peuvent le lire ;
on craindrait que le sentiment qui dicte un pareil
éloge ne parût intéressé ; et, d'ailleurs, n'a-t-on
pas l'occasion de leur prouver, par son dévouement,
par son affection, ce qu'on pense d'eux ? Mais quand
un ami n'est plus, on lui doit la vérité comme à un
ennemi. Qu'il soit donc permis à celui qui signe
ces lignes de dire tout ce que VINGT-QUATRE ANS
D'UNE VIE COMMUNE lui ont inspiré de respect et d'admiration pour celui qui fut son colonel et son général. Citons en entier ses états de services ; ils

parlent plus haut de lui que tout ce qu'on peut
en dire. »

Né à Paris, le 29 janvier 1785.

16 fév. 1805, soldat au 7e régiment de hussards.

22 nov.   —   brigadier.

22 déc.   —   maréchal-des-logis.

17 janv. 1806, sous-lieutenant au 25e chasseurs.

 8 janv. 1808, lieutenant au 8e hussards.

19 janv.   —   lieutenant, aide-de-camp du général Lagrange.

25 avril 1809, lieutenant, aide-de-camp du duc de Montebello.

17 juin   —   officier d'ordonnance de l'Empereur.

18 août   —   capitaine, *idem.*   *idem.*

13 janv. 1811, chef d'escadron au 3e chasseurs.

1er août 1812, chef d'escadron au 12e chasseurs.

 7 déc. 1813, adjudant-commandant (colonel).

 8 déc.   —   à l'état-major général.

 7 janv. 1814, aide-de-camp du prince de Neufchâtel.

 9 oct.   —   colonel du 12e chasseurs.

 9 sept. 1815, colonel des chasseurs du Morbihan.

13 déc. 1821, maréchal-de-camp disponible.

12 fév. 1823, commandant de la 1re subdivision de la 11e division
        militaire.

31 mars 1825, commandant une brigade de cavalerie au camp de
        Lunéville.

17 mai 1826, inspecteur-général de cavalerie.

1er janv. 1827, disponible.

1er mai 1831, admis au traitement de réforme.

CAMPAGNES.

An XIII, sur les côtes.

Vendémiaire an XIV, grande armée, 3 corps.

Du 23 octobre 1805 au 31 décembre 1809, grande armée, armée de Naples et d'Espagne.

Du 1er janvier 1811 au 1er juin 1811, Allemagne, corps d'observation de l'Elbe, et grande armée.

BLESSURES.

Coup de balle à travers le corps. . . . . le 7 mai 1807.

Coup de balle à l'épaule . . . . le 21 mai 1809.

Coup de boulet à la cuisse à la bataille d'Essling. . le 22 mai 1809.

A eu deux chevaux tués sous lui, et la jambe
    cassée d'un coup de biscaïen à la bataille de la
    Moskowa. le 7 sept 1812.

E. Saint-Maurice Cabany,
RÉDACTEUR EN CHEF DU NÉCROLOGE UNIVERSEL
DU XIXe SIÈCLE.

www.ingramcontent.com/pod-product-compliance
Lightning Source LLC
Chambersburg PA
CBHW061416060726

47597CB00003B/1074